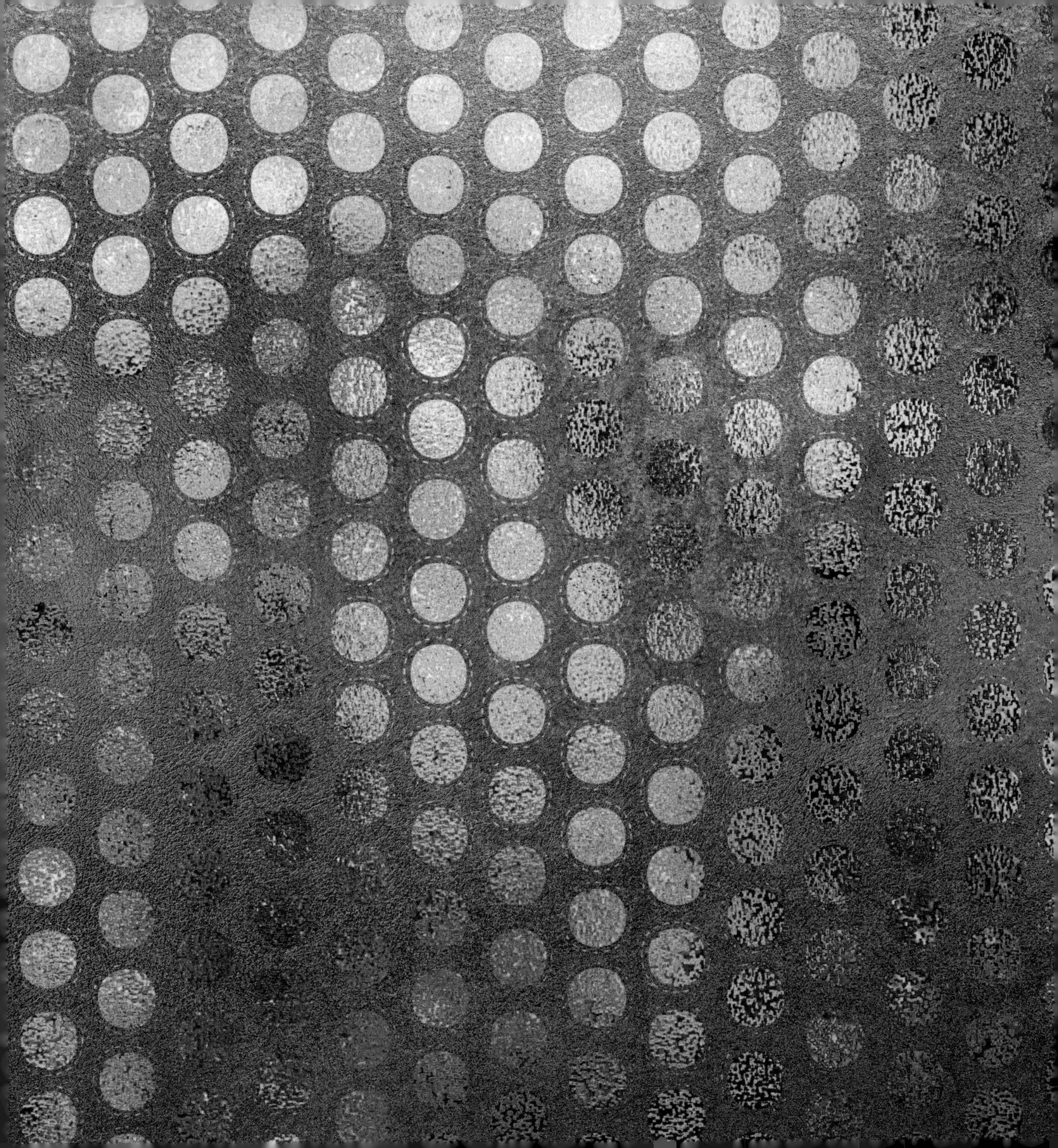

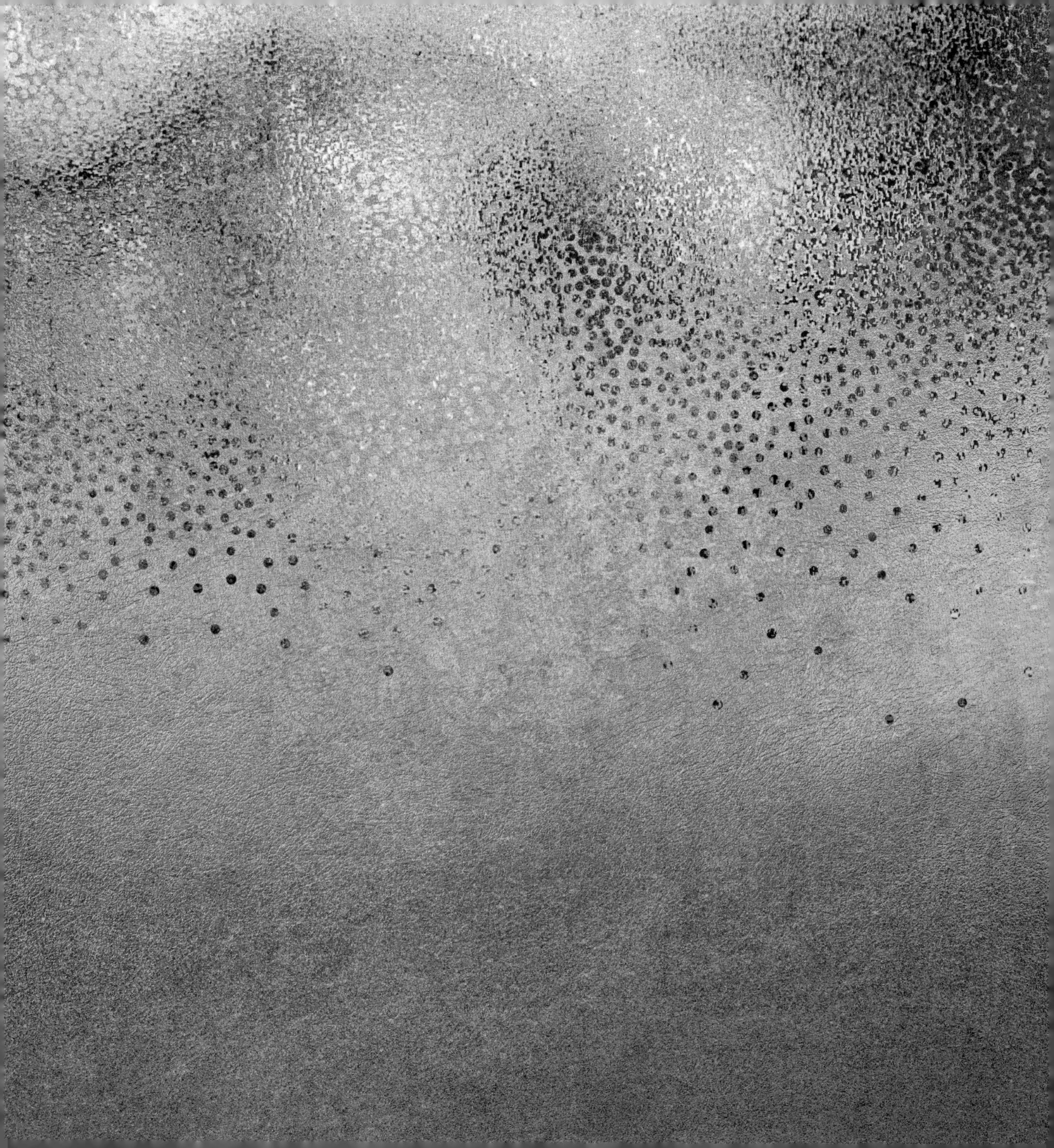

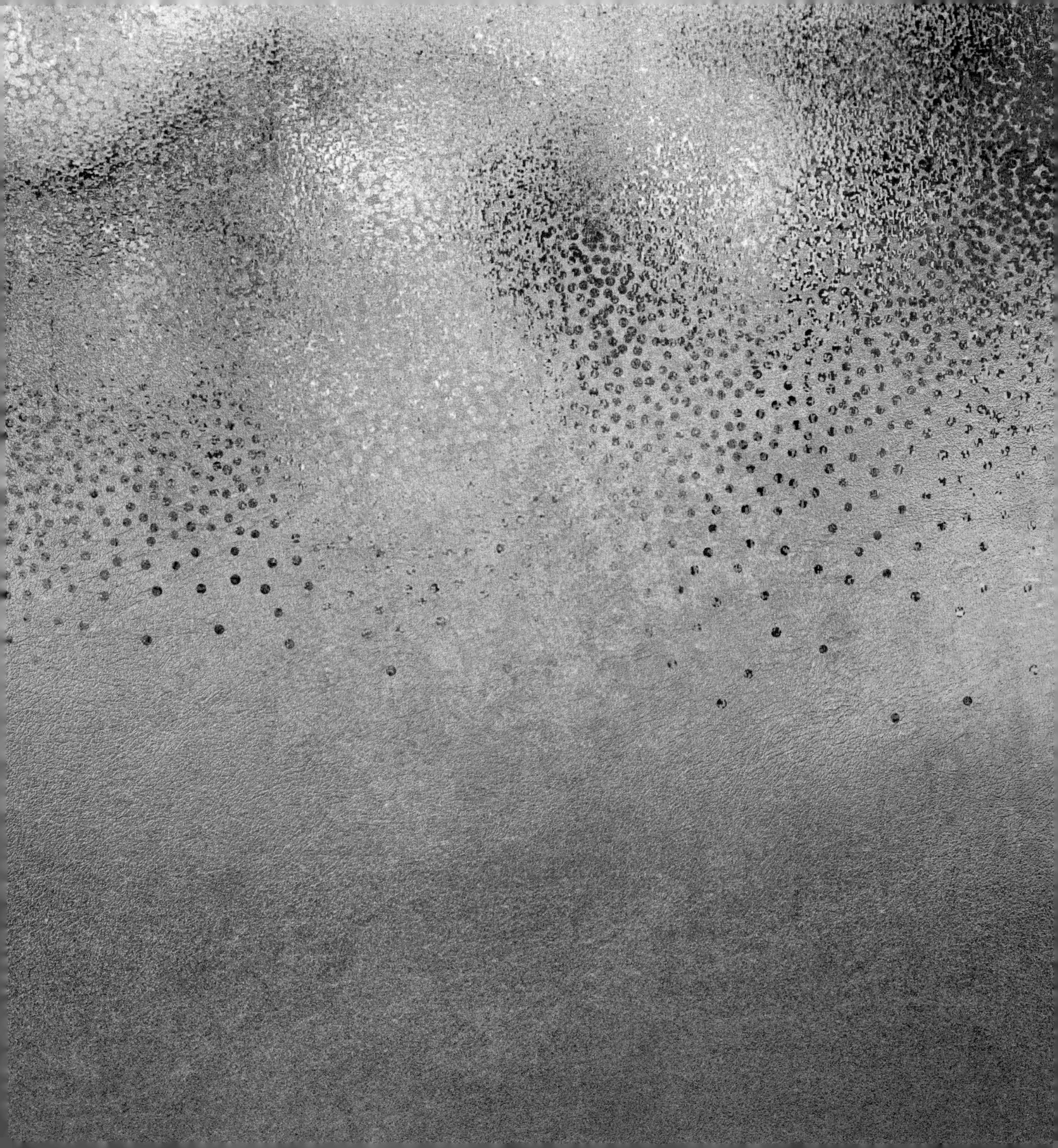

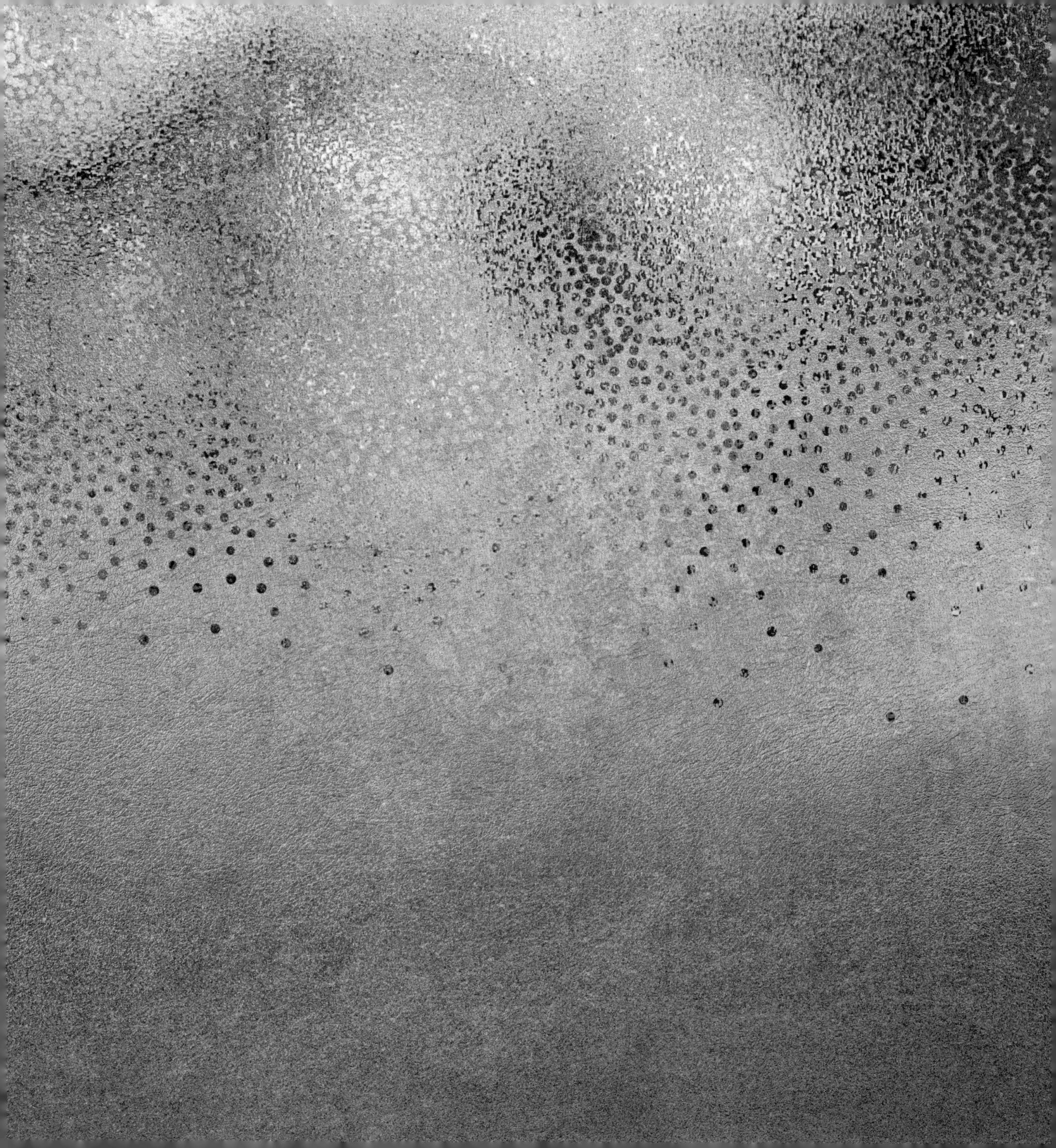

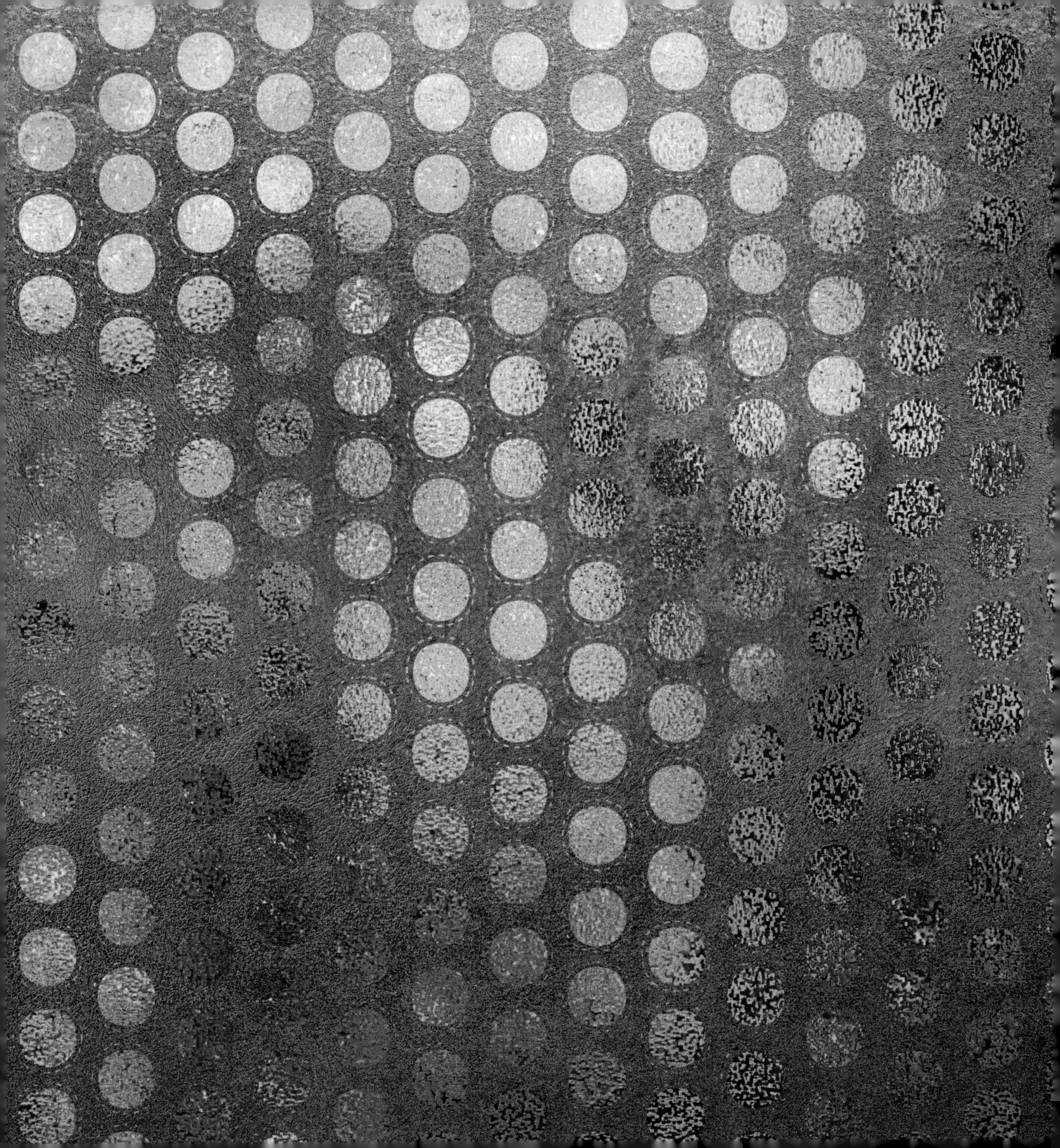

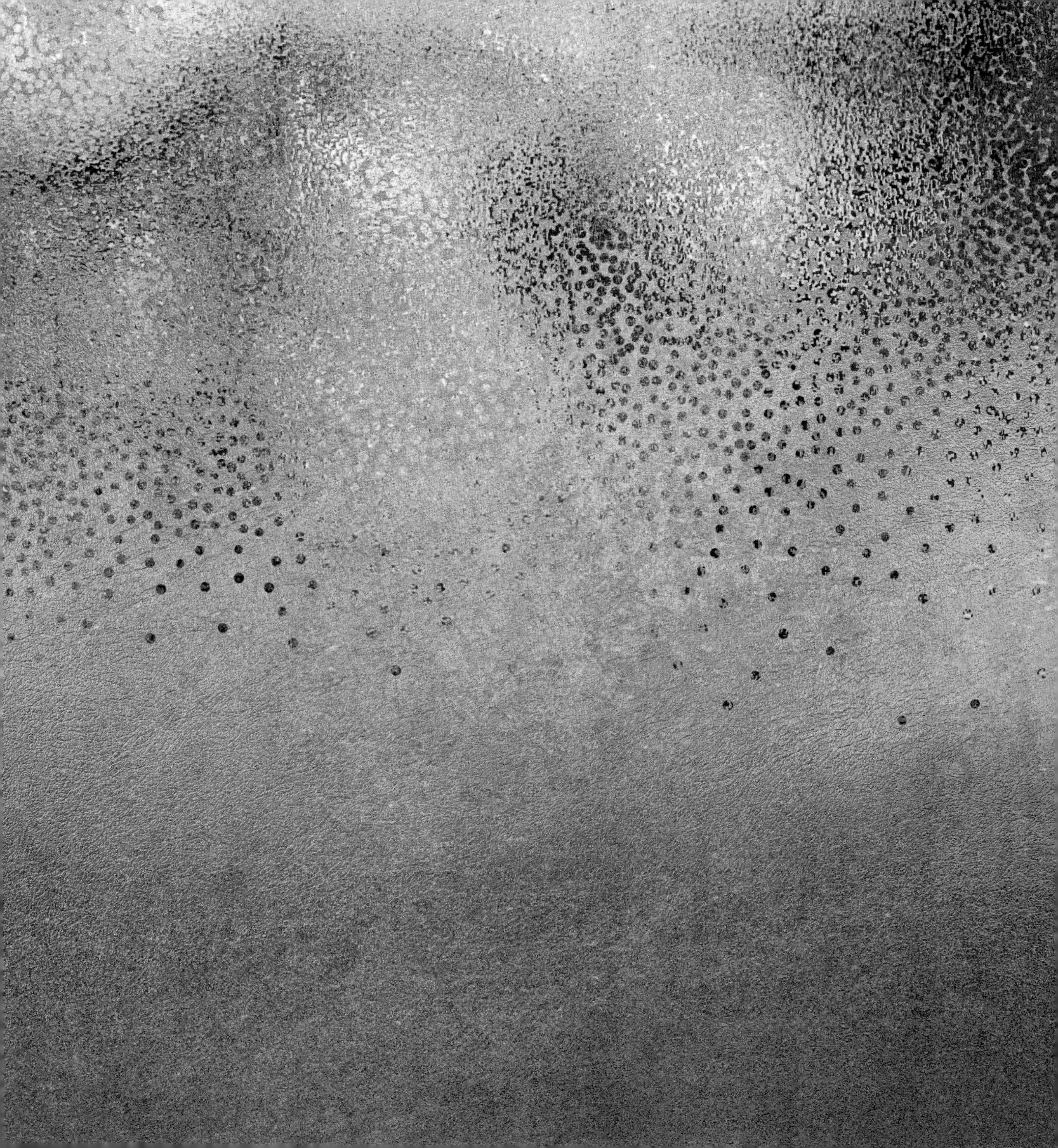

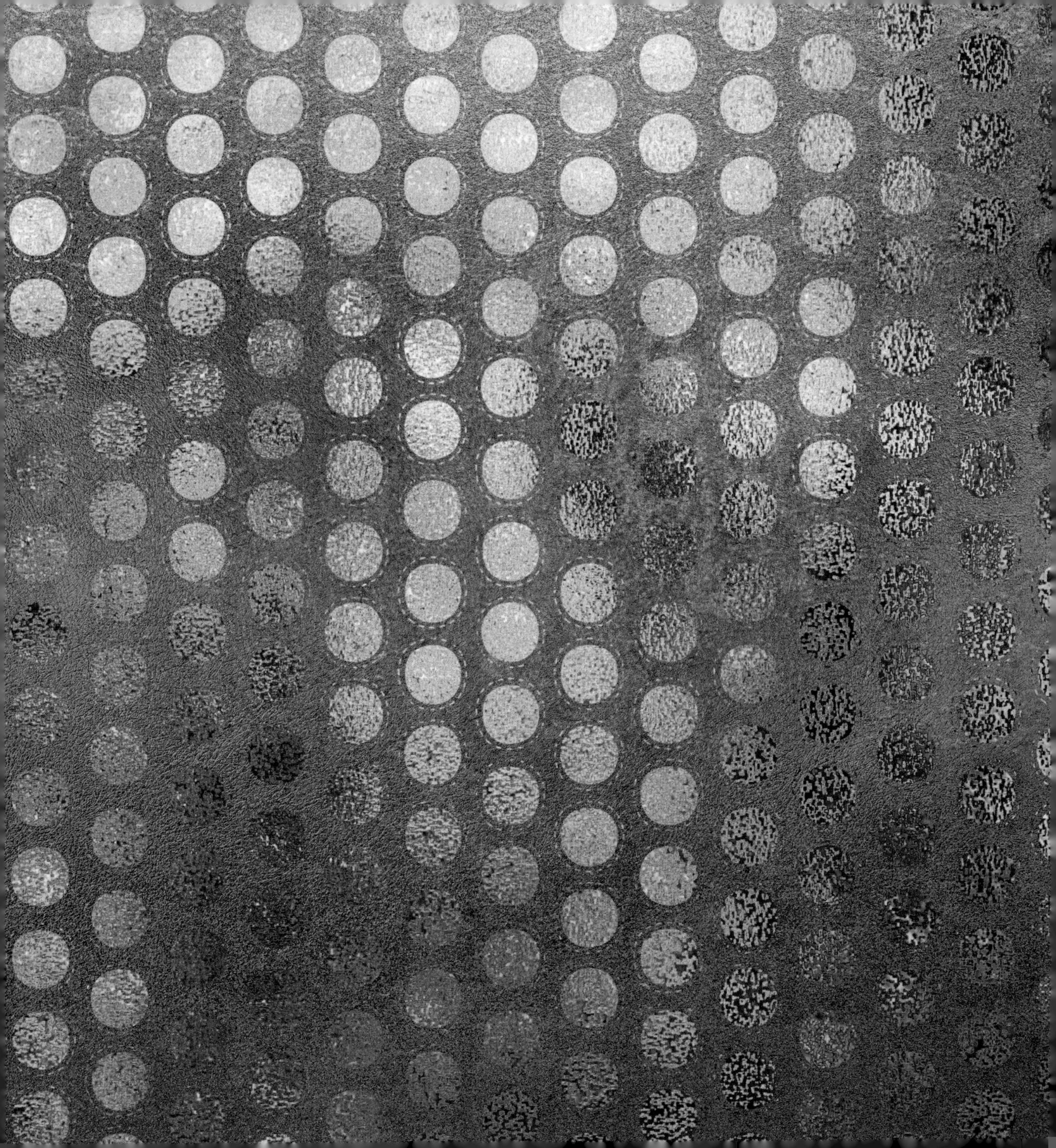

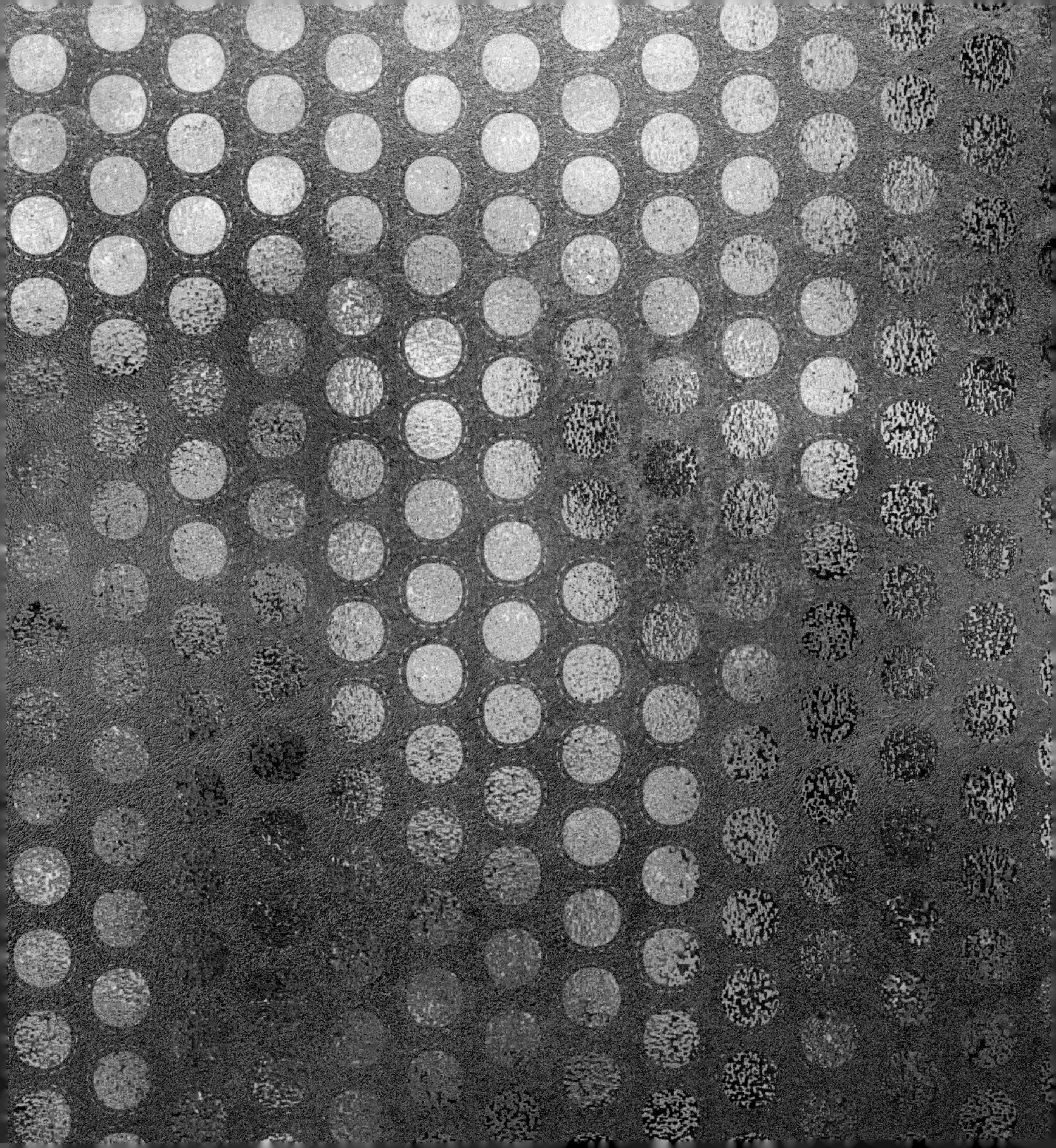

Made in the USA
Las Vegas, NV
12 December 2023

82649942R00026